Jo'rayeva Marjona Baxtiyorovna

DENGIZDAN MARJON

AF153990

Jo'rayeva Marjona Baxtiyorovna

DENGIZDAN MARJON

JustFiction Edition

Imprint

Any brand names and product names mentioned in this book are subject to trademark, brand or patent protection and are trademarks or registered trademarks of their respective holders. The use of brand names, product names, common names, trade names, product descriptions etc. even without a particular marking in this work is in no way to be construed to mean that such names may be regarded as unrestricted in respect of trademark and brand protection legislation and could thus be used by anyone.

Cover image: www.ingimage.com

Publisher:
JustFiction! Edition
is a trademark of
Dodo Books Indian Ocean Ltd. and OmniScriptum S.R.L publishing group

120 High Road, East Finchley, London, N2 9ED, United Kingdom
Str. Armeneasca 28/1, office 1, Chisinau MD-2012, Republic of Moldova, Europe
Printed at: see last page
ISBN: 978-620-0-10483-0

Jo'rayeva Marjona Baxtiyor qizi – 2003-yil 18-oktabrda Surxondaryo viloyati Termiz tumanida tug'ilgan.

Tumandagi 6-sonli maktabda 2010-2021-yillarda o'qigan. 5-sinfdan 11-sinfgacha Ona tili va Adabiyoti fanidan "Bilimlar bellashuvi", va "Fan olimpiadalari"ga faol ishtirok etib, tuman bosqichlarida faxrli 1- o'rinlarni qo'lga kiritib, viloyat bosqichi sohibasi bo'lgan. Maktabni a'lo darajali shahodatnoma va oltin medal bilan bitirgan.

2022-yil Termiz davlat pedagogika instituti Filologiya fakulteti O'zbek tili va Adabiyoti ta'lim yo'nalishiga davlat granti asosida o'qishga qabul qilingan.

Ilk she'ri 2024-yil yanvar oyida Germaniyaning "Globe_edit" nashriyotidan "Quyoshim – onam" nomli kitobda chiqqan. Fevral oyida esa Buyuk Britaniyaning "Just Fiction Edition" nashriyotidan "O'zbekiston yoshlari" nomli to'plamda, mart oyida ham "JustFiction Edition" nashriyotidan "Jannat iforlari" nomli to'plamda maqolasi bosilib chiqdi.

Lambert Academic Publishing nashriyotidan chiqqan "Sociolinguistics" nomli monografiya muallifi.

Sharqiy Afrikadagi "Mount Keniya Times", "The Diaspore Times", "Classico Opine" gazetalarida "Enjoy the river of knowledge", "In the sky of my dreams", "The beauty of his sister", "The castle of happiness…" she'rlari va "The family is a fortress of love and happiness", "One step to the goal" maqolalari davomli nashrdan chiqmoqda. Afrikadagi "Classico Opine"jurnalida ham she'rlari nashrdan chiqqan. "The Seoul Times" gazetasida, Synchronized chaos google sahifalarida maqolalari chiqarilgan.

Shu bilan bir qatorda UNICEF, GREAT LEARNING, UNITED STATES INSTITUTE OF PEACE, EUROPE ACADEMY, SAYLOR.org, ARAB xalqaro akademiyalarini tugatib sertifikatlar sohibasi bo'lgan.

Marjona Jorayeva Bakhtiyorovna was born on October 18, 2003, in the Termiz district of Surkhandarya region. She studied at School No. 6 in Termiz from 2010 to 2021. During her time at school, she actively participated in "Knowledge Contests" and "Academic Olympiads" in the Uzbek Language and Literature subject from grades 5 to 11, winning prestigious first places at the district level and being a regional champion. She graduated from school with a certificate of excellence and a gold medal.

In 2022, she was admitted to Termiz State Pedagogical Institute's Faculty of Philology, majoring in Uzbek Language and Literature, on a state grant. Her first poem was published in January 2024 in the book titled "My Sun – My Mother" by Germany's "Globe_edit" publishing house. In February, her work appeared in the "Youth of Uzbekistan" collection by the UK's "Just Fiction Edition" publishing house, and in March, her piece was featured in the "Paradise Aromas" collection, also published by "Just Fiction Edition".

Marjona is the author of the monograph "Sociolinguistics", published by Lambert Academic Publishing.

Her poems and articles have been continuously published in East Africa's "Mount Kenya Times", "The Diaspore Times", "Classico Opine" newspapers, and her poems have also appeared in the "Classico Opine" journal. Her articles have been published in "The Seoul Times" newspaper and on the Synchronized Chaos Google pages.

Additionally, Marjona has completed and obtained certificates from international academic institutions such as UNICEF, GREAT LEARNING, UNITED STATES INSTITUTE OF PEACE, EUROPE ACADEMY, SAYLOR.org, and ARAB.

DENGIZDAN MARJON

Mundarija

CORAL OF THE SEA

Contents

DENGIZDAN MARJON

Boringizga shukr deyman, onajonim...

Quyosh taftin sizdan olgan jonim onam,

Hayotimga ziyokorim borim onam.

Qiyinchilik ortda qoldi sabringizdan,

Boringizga shukr deyman, onajonim.

Mehr nuri yog'ib turar yuzingizdan,

Tog'lar cho'kar eng mehrli so'zingizdan.

Qorlar erir qaynoqqina mehringizdan,

Boringizga shukr deyman, onajonim.

Duodadir qo'llaringiz qizingiz-chun,

Har sinovga tayyordirsiz farzandlar-chun.

Ne kunlarni ko'rmadingiz mening uchun

Boringizga shukr deyman onajonim.

Yuzingizga ajinlar ham tushirgan men,

Ko'zingizdan yoshlaringiz oqizgan men.

Eng ta'sirli so'zlarimni aytaman men,

Boringizga shukr deyman onajonim...

Hayot qadri...

Bir marta berilar insonga hayot,

Shuni ham mazmunsiz o'tkazuvchi bor.

Bir ortingga boqqin qaro ko'zligim,

Sendan nima qolar yorug' dunyoda.

O'yna, kul, umringni betashvish o'tkaz,

Sohibi ilmga yonma-yon bo'lgin.

Yomonlik istama birovga sira,

Yaxshilikka doim sherik bo'lib yur.

Qayg'uga botsang-u, umiding so'nsa,

Oyog'ing ostida tikanlar unsa,

Sen hecham o'ylama, yorug' yuzligim,

Hayot shu qadar o'tkinchi narsa.

G'amni aritgin-u xafa qilmagin,

Chorasiz insonga ishonch tog'i bo'l.

Sendan o'rgansinlar himmat neligin,

Aslo odamzotga dilozor bo'lma.

Bir kuni yetarsan hayot qadriga,

Balki hayotningmas inson qadriga.

Yaxshilik qilganing eslamaslar-u,

Yomonlik qilganing qalbning to'rida.

Ilm daryosidan bahramand bo'lay.

Allohim menga ham hidoyat bergin,

Qalbimda o'chmasin ilm chirog'i.

Insonlar oldida yuzim yorug' qil

Ilm ziyosidan bebahra qilma.

Men ham bo'lay Navoiy, Bobur izdoshi,

Balki Zulfiyaning jajji muxlisi.

Ne bo'lsa bo'lsin-u shoira bo'lay,

Ilm daryosidan bahramand b'lay.

Kattalar nazdida bir "yog'du" misol,

Kichiklar deyishsin "shoira opa",

Faxrlanib yursin onam ham, otam,

Ilm ziyosidan bebahra qilma.

Bahramand bo'layin dunyo ilmidan,

Ham Pushkin, ham Bayron ijod sehridan.

Baralla aytaman takror va takror,

Ilm daryosidan bahramand bo'lay.

"Men uddaladim"

Koʻnglimda saqlagan orzular bisyor,

Also tilga uni chiqarolmayman.

Bir kuni amalga oshganda ular,

Boʻlsin Yaratganga shukrlar deyman.

Maqsadlarim tilga chiqqanda-ku deng,

Odamlar boshlaydi gʻiybatim qilib.

Baʼzilar kuladi "telba-ku bu" deb,

Bir kuni aytaman Allohga hamdlar.

Birma-bir erishaman, hamma orzumga,

Mayli-ga odamlar nima desa der.

Men odamlarning gapi uchunmas,

Onam-chun doimo harakatdaman.

Gʻiybatimiz qilishar also uyalmay,

Baʼzida ogʻriqlar ezar dilimni.

Nahotki, Allohdan qoʻrqmaydi ular,

Tuhmat, boʻhtonlarga koʻmganlaridan.

Yengib o'tajakman barcha sinovni,

Axir, men onamning xuddi o'ziman.

Bir kuni minbarlarda jaranglar ismim,

Faqatgina biroz sabrdan keyin.

Kuch olaman onamning toshdek sabridan,

Qo'llab-quvvatlovchi qaynoq so'zidan.

Bir kuni o'pib mehrli yuzidan,

Aytaman: "Onajon, men uddaladim".

Bir kuni…

Bir kuni aytaman, men buni,albat,

Chunki Alloh guvoh har bir ishimga.

Ungacha Robbimdan onamga umr,

O'zimga so'rayman cheksiz kuch-quvvat.

O'zbekistonim

O'qidim adiblar yozganlarini,

Shoirlarim bitgan ash'orlarini.

Lekin topolmadim go'zal diyorim,

O'zbekistonimning ta'riflarini.

Ta'rifi-yu tavsifi, mehri o'zgacha,

Iymonli, vijdonli, qalbi o'zgacha.

Ammo, topolmadim go'zal diyorim,

Qiyoslay desam-u, so'zim o'zgacha.

Naqadar serquyosh, musaffo osmon.

Tabiat go'zalligi senda mujassam.

Kitoblardan izlab toplmadim-ey,

O'zbekistonimning ta'riflarini.

Baralla aytaman, ulug' nomini,

Ovozim ko'klarga yetib borguncha.

Bir kuni she'rimda o'qiyman maqtab,

O'zbekistonimning ta'riflarini.

Qiyosi yo'q ammo, ko'rki bor uning,

Mehnatkash, mehribon xalqi bor uning.

Kerilib yuraman, boshimda do'ppim,

Betakror, so'z yetmas yurtim bor mening.

Ustozim

Ustozim, ma'rifat nurini sochgan,

O'rgatgan haqiqatni, bilimni ochgan.

Har bir darsidan olgaymiz saboq,

Ustozim - mening yo'limni ochgan.

Bilim dengizida ko'p so'zlaringiz,

Bilimgiz yuksakdir tog' cho'qqisidek.

Tushuntirasiz har bir savolni,

Yurakdan bo'lgaydir har bir javobi.

Qalbimda o'chib qolgan cho'g'ni,

O'z nuri ila yoritgan inson.

Qadam qo'yib hikmatlar yo'lida,

Bizni yo'naltirdi ilm yo'liga.

Ustozim - mehribon, bilimga to'la,

Yodimda qoladi har bir so'zingiz.

Yurtning ma'rifatli kelajagi sizda,

Uzoq bo'lsin ustozim umringiz.

Yuragimga yaqinlarim...

Sizdan bo'lak kimim bor mening,

Yaxshi-yomon kunim bor mening.

Yoddan chiqmas hech bir so'zingiz,

Yaqinlarim,qarindoshlarim.

Ba'zan aritasiz ko'nglimdan g'amni,

Ba'zan quvonchlarga to'lib kelasiz.

Sizdan yashirmayman biror sirimni,

Qalbimga shu qadar yaqinsiz mening.

Sizsiz o'tmagaydir to'y-bazmlarim,

Yuragim, borlig'im, qo'rimsiz mening.

Sizsiz bu dunyoning quvonchlari kam,

Qalbimga shu qadar yaqinsiz mening.

Mitti yulduz

Qalblari otashim, ko'zlari qoram,

Men o'sha siz bilgan mitti yulduzman.

" Nega aynan mitti? " - o'ylarsiz balki,

Chunki u barchadan olis yulduz-da.

Ko'plab yulduzlar yorug' nur sochar

Xuddiki, insonlarga yaqin tuyular.

Mitti yulduz esa juda olisda,

Hammadan o'zini uzoqqa olar.

Uning o'rni shu qadar yuqoridaki,

Yoniga yulduzlar yaqinlasholmas.

O'ziga ishongan, mag'rur bu yulduz,

Odamlarga aslo ko'rina olmas.

Bir kuni sochadi yorug' nurini,

Bir kuni porlaydi go'yoki quyosh,

Bir kuni taratar olamga o'zin

O'shanda bilasiz uning kuchini.

Orzularim osmonida…

Oldimda bir talay orzular bisyor,

Bosib o'tilmagan yo'llarim qancha.

Yo, Allohim o'zing qo'llagin meni,

Maqsadlarim tomon qadam bosguncha.

Hali yozilmagan she'rlarim qancha,

Hali borolmagan joylarim qancha.

Qancha ko'p hali qilar ishlarim,

Otamdan, onamdan olar so'zlarim.

Orzularim osmon qadar cheksizdir,

Na boshi bor, na bir poyoni.

Hech qachon tugamas ezgu tilagim,

Qalbim so'zlarini tinglay olsang bas.

Bir kuni kezarman dengizda go'yo,

O'shanda barchasi bo'lar ijobat.

Bir kuni eng go'zal shaharlararo,

Mening she'rlarim ham bo'lar kuy-navo.

Bundan-da go'zalroq kunlarim kelar,

Quvonch-u shodlikdan chaqnar ko'zlarim.

Naqadar chiroyli orzular sari,

O'tib bormoqdadir go'zal kunlarim…

Onam bor...

Qalbi daryo, mehri ziyo onam bor,

Ko'nglimizni olguvchi bir donam bor.

Yo'limizni yoritguvchi misli quyosh,

Eng sabrli, eng mehnatkash onam bor.

Onam borki, yo'llarimda bor nurim,

Onam borki, qo'llarimda bor durim,

Onam borki, hech bo'lmagaydir kamim,

Qalbi qaynoq, yuzi nurli onam bor.

Allalari qulog'imga azonim,

Ikki qo'li yelkamdagi madorim.

Oyoqlari ostidadir jannatim,

Jannatmisol, mehrga boy onam bor.

Borligingiz o'zi bir baxt men uchun,

Dunyolarni alishaman siz uchun.

Havotirlar olmang onam men uchun,

Eng beg'ubor, to'lin oydek onam bor...

Singlisining go‘zali

To‘lin oydir yuzlari,

Mehribondir o‘zlari.

Maftunkor Muxlisaxon,

Singlisining go‘zali.

Dilkashimsiz, yoqimtoy,

Quvnoq hamda xushchiroy,

Jahli tez, qaysarginam,

Singlisining go‘zali.

Onajonim suyanchi,

Dadajonim quvonchi.

Seviklisi suygani,

Singlisining go‘zali.

Uzoq bo‘lsin umringiz,

Nurga to‘lsin uyingiz,

Mening qadrdon opam,

Singlisining go‘zali.

Ukajonlarim

Ukam – do'stim, yaqin insonim,

Yurakdan joy olgan, aziz insonim.

Har bir qadamda yonimda bo'lgan,

Ukajonlarim - suyanch tog'larim.

Ukalarim bilan o'tgay kunlarim,

Ular bilan qiziq yorug' dunyolar.

Yaxshiyam sizlar bor ukajonlarim,

Besh kunlik hayotda madadkorlarim.

Ukajonim - hayotning go'zal so'zisan,

Ota-onamiz yorug' yuzisan.

Yurakdan chiqar barcha so'zlarim,

Ukajonlarim - hayot naqshlarim.

Baxt qasri

Ba'zan xayollarga asir bo'laman,

U yerda orzumni o'zim quraman.

Kelajakda bir kuni men ham,

Onam-chun, albatta, qasr quraman.

Qasrda bo'lgaydir cheksiz yog'dular,

Katta derazali, baland eshiklar.

Uy to'rida maxsus joy ham bo'lgaydir,

Unda ota-onam o'rin olgaydir.

Qasr yaralgaydir mehr g'ishtidan,

Chiroqlar bo'lgaydir sadoqatimiz.

Muhabbat nishoni bo'ladi ustun,

Hech qachon tark etmas bizni oqibat.

Hovlida ajoyib bog'imiz bo'lar,

Bulbul baxtimizni kuylarga solar.

Naqadar ajoyib o'tar kunimiz,

"Eng baxtli oila" bo'lar nomimiz.

Navro‘zi olam

Bugun yurtimizda navro‘zi olam,

Yangi kun muborak bo‘lsin, azizim.

Doimo quvonchga to‘lib yuringlar,

Baxt, omad keltirsin navro‘zi olam.

Qutlang yaqiningiz ushbu kunlarda,

Gina-yu hasratni chetga suring tez.

Keksalar holidan xabar olinglar,

Quvonchdan porlasin ma’yus ko‘zlari.

Imkonni berma...

Sen uchun yaralgan bu kun, bu hayot,

Sen uchun dunyoning barcha lazzati,

Biroq senga bir aytar gapim bor:

Qo'lingdagi imkonni boy berma zinhor.

O'qi, izlan, yuksaklikka qadam bos,

O'z sevgan kasbingni mahkam tut, asra,

Imkoniyatlar hozir sen uchun faqat,

Maqsading tomon olg'a qadam bos.

Erta tong uyg'onsang oldingda yo'llar,

Biri seni chorlar maqsadlar tomon,

Biri tubsizlikka chorlaydi seni,

Tanlamoq qoldi faqat sen uchun.

Harakatda bo'l, o'zing-chun xolos,

Birov senga bermas tayyor zafarni,

Axir, umid bilan boqib turibdi,

Ota-onang senga nurli ko'zlarin.

Ayollarga madhiya

Ayolning sabriga bitay madhiya,

Uning ko'zlarida mehr nuri bor.

Ayollar, aslida, buyuk insondir,

Farzandlar ularning yurak-bag'rida.

Tun-u kun o'ylaydi "oila" so'zin,

Turmush o'rtog'iga vafodor bir yor.

Bolalar topmaydi o'zgadan mehr,

Faqat aayollarda cheksiz mehr bor.

Asraylik, ayolning ulug'ligini,

Undagi sevgi yana qayda bor?

U ona, u singil, u vafoli yor

Har sohada uning o'z o'rni tayyor.

Ba'zida kamsitishlar bo'ladi, to'g'ri,

Dovyurak, baquvvat irodasi bor.

Hamma ham bilmaydi uning ichini,

Yashirin, yashindek metin kuchi bor.

Dunyoning ayollari go'zaldir bari,

Quyosh nurin olgan ayol zotidan.

Nechun maqtamayin, nechun sevmayin,

Axir, onam-ku ayolning yorqin timsoli.

Eng chiroyli gulim

Ko'chada yurgandim xayollar bilan,

Nogahon, oldimda gullarni ko'rdim.

Shu lahza ketdim-ku hayajonlanib,

"Kim uchun atalgan, gular?", – deb qo'ydim.

Bir-biridan go'zal, ajoyib edi,

Yo'limda yurolmay termulib qoldim.

Ranglari ko'zimni quvnatar edi,

Bir ajib hissiyot o'tdi dilimdan.

Yaqinroq borganda bir do'konchi qiz:

"Xarid qilmoqchimisiz, gullarim", – dedi.

Berilgan savoldan dovdirab qoldim,

Chunki yonimda pulim yo'q edi.

Shunda gulchi qizga kulib: "yo'q" – dedim,

So'ngra qadamlarim tezlashib ketdi.

Uyga tezroq borsam, degan xayollar,

Boshimda aylanib-aylanib ketdi.

Hovliga kirsam bir yoqimli ifor…

Gul keltiribdi-da kimdir, o'yladim.

Qaysi gul?

Qayerda?

Izlay boshladim

Onamni chaqirib bilmoqchi bo'ldim.

Onamni ko'riboq quvnadi ko'zim,

O'yladim: guldan-da chiroyligim bor.

Yaqinroq borib, bag'rimga bosib,

"Eng go'zal, maftunkor gulim bor", – dedim.

Hamma onalar ham dunyoda go'zal,

Poyida turibdi Jannat ularning,

Qadrligim, bugun gulni oling-u,

Onanggiz go'zalligin gulga ko'rsating.

Futbol muxlisiman

Qiziqishlarim ko'p, barcha singari,

Sizlarga aytaman faqat bittasin.

Televizor qarshisida o'tirib olib,

Futbolni ko'rish bitta "hobby"im.

Futbol qirollari: Ronaldo, Messi

Yana menga yoqar Neymar Junior.

Marcelloning ajoyib zarbalaridan,

Ko'zlarim quvonar, xursandligimdan.

Yam-yashil maydonda to'p surib yurmoq,

Oson bo'lmagaydir, raqiblar bilan.

Omading kelganda urarsan golni,

Omad bo'lmasa-chi, to'p ham olmaysan.

Kimlardir yutadi, kimlar yutqazar,

Eng so'nggi daqiqalar hal qilar barin.

Sherikmiz g'oliblar quvonchlariga,

Mag'lublar bilan qalban birgamiz.

Osonmas mag'lub bo'lganlarga ham,

Ularning ortida turibdi yurti.

Ba'zida tan olish kerak g'olibni,

Ba'zida mag'lubiyat yengar yigitni.

Jahonning eng mashhur futbolchilarin,

Qalamga oldim buyuk nomlarin,

Aslida, unutib qo'ymaylik bizlar,

O'zbekistonimning futbolchilarin.

Ularda bor: epchillik, mardlik, chaqqonlik,

Yutadi, yutqazar o'yinlarida.

Ne bo'lsa ham turadi uning ortida,

Ko'z tikib o'tirgan o'zbek xalqimiz.

"Jaloliddin"i bor, "Abbosjon"i bor,

O'zbekning har qilgan duolarida.

Hech qachon tolmasin oyoqlaringiz,

Jahonning bo'lajak chempionlari.

Yashirin sirimsan...

Tunlari o'ylayman, Kunduz kuylayman,

Yuragim to'rida sening isming ham.

Qachon paydo bo'lding aslida o'zing?

Hammadan yashirgan sirimsan mening.

Sen ham boshqalardek odamsan, axir

O'zing bilasanmi qalbimdaliging.

Nega paydo bo'lding mening dunyomda,

Hammadan yashirgan sirimsan mening.

Bilmaysan she'rlarim sen uchunligin,

Tanimassan, balki, meni hech qachon.

Seni ko'rmasam ham xayolimdasan,

Hammadan yashirgan sirimsan mening.

Sen qayerda-yu, men qayerdaman,

Hech seni esingga tushamanmi men?

Qaydan kelding-u ketursan qayon?

Hammadan yashirgan sirimsan mening.

Balki uchrasharmiz tasodif bir kun,

O'sha kun kelarmi bilmam, hayronman.

Sen meni bilmaysan, men esa seni

Shunchaki yashirgan sirimsan mening.

Tasavvurimdagi bir insonim bordir,

Xohlayman qachondir paydo bo'lishin

Bilmadim qayerdan kelib qolar u,

Birgina istayman kulib qarashin.

To‘ylaringiz muborak bo‘lsin...

Hayotimgiz to‘lsin nurlarga,

Orzuingiz amalga oshsin.

Eng chiroyli baxtli kuningiz,

To‘ylaringiz muborak bo‘lsin.

Kuyovda bor g‘ayrat, shijoat,

Kelinchakda go‘zal tabassum.

Also baxtingizga tegmasin ko‘z,

To‘ylaringiz muborak bo‘lsin.

Bugun jam bo‘lishdi, qarindosh-urug‘,

Yuzlaringiz bo‘lsin, doim yorug‘ yuz.

Havas qilsin sizlarga havas,

To‘ylaringiz muborak bo‘lsin.

Hoji bobomga atalgan she'r...

Quloq solay, menga aytgan so'zingizga,

Qalbim to'la, mehr daryo soyingizga.

Mehribonim, duogo'yim, qiblagohim,

Yoshingizga yosh qo'shilsin, bobojonim.

Hayotda yaxshi-yu yomonni ko'rgan,

O'gitlar tinglaymiz mehribonimdan.

Turfa voqelikni o'rgatib bizga,

Ko'p hikmat o'rgandik, bobojonimdan.

Bobom ne desalar aytgani bo'lar,

Uyimiz chirog'I yorug' yuzlari,

Go'zal satrlarga nomini qo'shib,

Muborak ismini saqlash niyatim.

Allohni zikr etib o'tar kunlari,

O'zlari Ka'bani tavof qilganlar.

Oppoq soqoli bor, farishta bobom,

Oilamiz ustuni bo'ling doimo.

Ramazon oyining tuhfasi...

O'qidim, izlandim, intildim doim,

Har doim aytganim qildira oldim.

Ey do'stlar, bugun bir boshimda o'yim:

Onam-chun nimani bajara oldim.

Chiroyli kiyimlar mening ustimda,

"Onamga bo'lar-da eskisi", – dedim.

Eng zo'r taomlarni yedim-u o'zim,

Onamni bir bora eslamay qo'ydim.

Aslida ona-ku, bizni avaylab,

Qornimiz to'yg'izgan kiyim bosh qilgan.

Ey do'stlar, unutmang gapimni aslo:

Onasiz bu dunyo kerakmas aslo.

Hayotim o'zgardi birdan negadir,

Ramazon oyida bir tush ko'ribman:

Men qiynalib turardim onam yonida

Onam esa menga bermasdi yordam.

Baqirdim ovozim eshitdi darrov:

"Onajon, jon ona yordam bering tez".

"Qanisan, bolam ko'rolmayapman,

Ovozingni balandroq ko'tar", - dedilar.

Rosa qiynaldim qornimda og'riq,

Bir maxluq meni bosib turardi.

Onajonim meni topolmasdi hech,

Bir hayvon menga azob berardi.

Onamning yoniga otildim birdan,

Yetiboq bosh qo'ydim tizzalariga.

"Jon onam, Onajon, ne bo'ldi sizga?

Nega qizingizni ko'rolmayapsiz?

Hattoki, qo'limga zirapcha kirsa,

Yetib kelib, sug'urib olardingiz-ku.

Salgina mazam bo'lmasa, agar,

Boshimda parvonalar bo'lardingiz-ku.

Bugun azoblandim, juda qiynaldim,

Axir, sizga uncha uzoq emasdim.

Qizingiz tomonga otilmadingiz,

Nega jonim onam, jonginam onam?"

"Eh bolam, oldinroq aytgandim senga,

Ko'zim xiralashgan, ko'rsataylik, deb.

"Ho'p", - deding, bormading men bilan, biroq

Endi umuman ko'rolmay qoldim".

"Jannatim, kechiring, men qizingizni

Orzular qilibman, qadam bosibman,

Ammo so'ramabman qizingiz bo'lib:

"Sog'ligingiz yaxshimi onajonim?",– deb.

O'qishga yugurdim, kelajak uchun,

"Hali ko'p maqsadim bor", - deya shoshdim.

Vaqt ham topolmabman-da sizga onajon,

Men aybdorman, ko'zlaringiz-chun.

Yig'lardim-yiglardim, onam bag'rida,

"Kerak bo'lsa endi o'qimayman", - deb.

Nimaga oldinroq sezmabman shuni:

Onamni ahvoli yaxshi emas, deb.

Hammadan to'play pulni, albatta,

Yetmasa qarzga olaman so'rab.

Onajonim, mehribon, farishtam meni

Albatta, ko'zingiz ko'radi endi.

Erkaliklar qildim, sizlarni qiynab

Hamma narsa tayyor edi menga.

Shunchalik bee'tibor bo'ldimmi, ona

Menga qarab tunlari bedor ko'zlarga?

Ko'zlarimdan tinmasdi oqqan yoshlarim,

Uyg'ondim yig'lashim hech to'xtamasdi,

Xayriyat, tushim-ku, onam sog' omon,

Allohim boriga shukrona aytdim.

Ha do'stlar, onasiz yasholmaymiz hech,

Oldimda do'stlarim, yaqinlar bisyor.

Biroq mingta jigarim jam bo'lsa hamki,

Men uchun bir dona onam bo'lolmas.

Onamsiz, kerakmas bu dunyo menga,

Shon-shuhrat, g'alaba aslo kerakmas.

Onamdir ko'zimning eng yorug' nuri,

Onamsiz kerakmas ko'zdagi nur ham.

Birgina tushni deb tushunib yetdim:

Onam menga juda kerak ekanin,

Va shuni angladim, Jannatim uchun,

Qilmagan ishlarim bildim ko'pligin.

Dunyoning eng go'zal hurliqolari

Onangizdek biri bo'lolmaydi hech.

Shunchaki sevarlar vaqtincha sizni,

Onadek bir umr sevolmaydi hech...

Charchadim...

Shu kunlarda biroz charchadim,

Boshimda aylanar o'y-u fikrlar.

Qilgan ishimni tayini yo'q-u,

Bilmadim, negadir biroz charchadim.

Yoqmayapti menga atrofdagilar,

Yoqmayapti ularning gap-u so'zlari,

Hattoki ijod ham yoqmay qolyapti

Bilmadim, negadir biroz charchadim.

Charchadim bu dunyo tashvishlaridan,

Charchadim maqsadim yo'l-u cho'lidan.

Qaniydi charchoqlar chiqsa-da bir zum,

Hordiq olsam birpas onam bag'rida.

Qaniydi orzular ushalsa birdan,

Chiqib ketar edi bari charchog'im.

Balki orzularim osmonlarida,

Suzib yurar edi barcha charchog'im.

Bolaligim

Boshimga kelyapti ketma-ket sinov,

Siz qayga ketyapsiz bolalik yilim?

Meni o'z holimga qoldirib, tashlab,

Siz qayon ketyapsiz, mening bolaligim?

Quvonchdan porlagan ko'zlarimni ham,

Eng baxtli o'tkazgan kunlarimni ham,

Yoshimni birozga ulg'aytirib siz,

Siz qayon ketyapsiz, mening bolaligim?

Xohlayman, bola bo'lib doim qolishni,

G'am-tashvish yillarsiz, xursand yurishni.

Nechun tez o'tmoqda, mening yillarim?

Siz qayon ketyapsiz, mening bolaligim?

Kulgusi bor chiroyli

Ko'zlarida bor ma'yuslik

Yuzlarida alami bor.

Shunday insonlarning doim,

Chiroylidir kulgusi.

Bildirmaydi odamlarga dardlarin,

Sezishmaydi uning hasratlarini.

Shunchaki e'tibor bersangiz agar,

Chiroyli bo'larkan kulgulari.

Kulgu ostida qancha bor azoblari,

Qancha bor ko'z yosh-u alamlari.

Ko'ksida yonib turgan yuraklari bor,

Kulgusi chiroyli insonlarning.

Ey, ko'nglim...

Nozik ko'nglim,

Nega yig'laysan?

Hech qanday sababsiz...

Senga ne bo'ldi?

Aytaqol, bu dunyo

Tashvishlaridan,

Balki charchagansan,

Odamlaridan...

G'amginsan, nega?

Kim seni soldi,

Bu ahvolingga?

Ta'sirchan bo'lmagin,

Yolg'on so'zlarga.

Sen ham arzirlisan

Nimtabassumga.

Xohishing bilmaydi,

Ul bag'ritoshlar.

Ozorlar, azoblar,

   Sen uchun emas.

Baxtiyor yashagin,

   Ham kulib yurgin,

Dunyoda yashashing,

   O'zi bir ne'mat…

Oq kabutarlar

Osmonda uchgan oq kabutarlar,

Qo'sh qanotlari bilan tinchlik socharlar.

Sizning uchishingizda mavjud bir sehr,

Dunyo kengligi, ozodlik va tinchlik.

Osmonda uchish, qalblarga umid,

Yurakni tinchlantiruvchi ajib hissiyot.

Yengil va toza, unda yorug'lik aks,

Har bir qanotingiz-da poklik va quvonch.

Osmonda uchasiz, qanotni yoyib,

Tinchlik, muhabbatning ramzidirsiz.

Kuchli qanotlar, o'rtada oq iz,

Yorqin kelajagimiz xabarchisisiz.

Oq kabutarlar, yurasiz suvda,

 Har uchishingiz o'zgacha ma'no.

Barchaga ulashib, "tinchlik" so'zin,

Dunyo bo'ylab kengroq yoying qanotni.

Talabalik

Talabalik - shirin hissiyot,

Kuch-g'ayratga toshgan vaqtdir.

Yangi bilimlarning eshiklari,

Har bir sahifada ochilgusidir.

Maktabdan keyingi bilim yurtida,

Oppoq ko'ngil ila borajakdirmiz.

Har bir darslarda yangicha umid,

Yangi maqsadlarni qo'yajakdirmiz.

Do'stlar bilan ajoyib suhbat,

Tadbirlar-u bayramlar o'tar,

Izlanish, bilimga sadoqat,

Talabalik - eng ajib tuyg'u.

Har bir imtihon, yangi bir sinov,

Bilim cho'qqisiga chiqajakdirmiz.

Kuch-g'ayrat ila o'qib izlanib,

Yorug' kelajakni qurajakdirmiz.

Dengizim

Dengiz - ulkan, cheksiz timsoldir.

To'lqinlari toshgan ajib mo'jiza.

Ko'zimizda yaltirar qudratli sir,

Dengiz - cheksiz quvonch hamdir.

Har bir to'lqin - go'yo bir g'oya,

Unda mujassamdir hayot to'lqini.

Mavjlanib oqishi dardingga darmon,

Dengizdir shunday ajib mo'jiza.

G‘iybatchilar

“G‘iybat” so‘zi yomon aslida,

Yurakda nafrat, ko‘zlarda shubha.

G‘iybatchilar topgan gaplari,

Pokiza qalblarni kirlaydi, tezda.

Ularning so‘zidan buzilar ora,

Hatto do‘stlik, sevgi chekinar ortga.

Hayotda yomon nom qoldirgan ham

Menimcha,albatta, “g‘iybatchilar”.

Ulardan ehtiyot bo‘laylik doim,

Hech qachon o‘zini o‘ylamas ular,

Haqiqatni unutarlar ohista,

Birovga tuhmatlar yog‘dirar asta.

"CORAL OF THE SEA"

I thank your existence, my dear mother...

My life, my mother, owes its warmth to you,

The light of my life is given by you, my mother.

Difficulties have faded away due to your patience,

I thank your existence, my dear mother...

The light of affection shines from your face,

Mountains rise from your most loving words.

Snow melts from the warmth of your love,

I thank your existence, my dear mother...

In your prayers, your hands are warm for us,

You are prepared for every trial for your children.

You have endured countless hardships for me,

I thank your existence, my dear mother...

I am the one who has caused wrinkles on your face,

I am the one who has made tears flow from your eyes.

I will express my most heartfelt words,

I thank your existence, my dear mother...

Life's worth...

Once given to a person, life,

There's also something that passes without meaning.

My tearful eyes look into the distance,

What remains of you in this weary world?

Play, cry, pass your worries,

Be a companion to knowledge.

Avoid evil desires towards others,

Always be a partner to goodness.

If concern remains, and hope fades,

Lay your head on the moon's shoulder,

Do not think of me, my weary face,

Life is just one thing.

Grieve for others and do not be angry,

Believe in the human spirit without regret.

Let them learn from your courage,

Never be heartless to humanity.

If one day life comes to its worth,

Perhaps not life's value to a person.

Goodness may not be remembered,

Evil may be remembered in your heart.

May you be blessed by the sea of knowledge

O God, grant me guidance as well,

Let the light of knowledge never fade in my heart.

Let my face not be darkened before people,

Do not be praised for the light of knowledge.

May I also be like Navoi, a companion of Bobur,

Perhaps a steadfast student of Zulfiya.

Whatever may be, let it be a poet,

Be blessed by the sea of knowledge.

In the eyes of the great, a mere "youth",

May the little ones call me "uncle poet",

My mother and father should be proud too,

Do not be praised for the light of knowledge.

May you be blessed with worldly knowledge,

Both Pushkin and Byron from the city of creation.

I will repeat and repeat the battle,

Be blessed by the sea of knowledge.

I have succeeded

In my heart, I cherish many dreams,

Yet I never express them in words.

One day, when they come to fruition,

I'll give thanks to the Creator.

When my goals come to fruition, without hesitation,

People will start to notice and marvel.

Some may call it "fate", but I will say,

One day, I'll give praises to Allah.

One by one, I achieve each of my aspirations,

People may say different things about me,

But I do not care about people's opinions,

I always act for my mother's sake.

I never lose faith, never sleep,

Sometimes pains tear my heart,

But never fear Allah,

Accusations, slanders, have come from liars.

I will overcome all trials one day,

After all, I am just like my mother.

One day, my name will be on the pulpit,

Just a little patience is needed.

I draw strength from my mother's rock-solid patience,

From encouraging words that support me.

One day, kissing her loving face,

I will say: "Mother, I succeeded".

One day...

I will say this one day, without doubt,

Because Allah is witness to every deed of mine.

So far, I ask my Lord for my mother's lifetime,

I ask myself for beautiful patience.

My Uzbekistan

I've read the works of our writers,

The verses penned by our poets.

Yet I haven't found a complete definition,

Of the beauty of my Uzbekistan.

Its definition and description are unique,

Faithful, conscientious, with a heart of its own.

But still, I haven't found a complete definition,

If I were to compare, my words fall short.

How radiant and peaceful is the sky,

In you, the beauty of nature is embodied.

I search through books but haven't found,

The full definition of my Uzbekistan.

I will proclaim its great name,

Until my voice reaches the heavens.

One day, in my poetry, I will recite,

The definition of my Uzbekistan.

There may be no comparison, but there is fear,

It has a hardworking, generous people.

I walk, carrying it on my shoulders,

My silent, indescribable homeland is mine.

My Mentor

My mentor, who has spread the light of enlightenment,

Who has taught the truth and revealed knowledge.

From each lesson, we gain wisdom,

My mentor - who has opened my path.

In the sea of knowledge, many of your words,

Your knowledge is as high as a mountain peak.

You explain every question,

And each answer comes from the heart.

You are the one who has illuminated

The ember that had faded in my heart with your light.

By stepping onto the path of wisdom,

You guided us towards the way of knowledge.

My mentor - kind and full of knowledge,

Every word of yours remains in my memory.

The future of the enlightened nation is in you,

May you have a long life, my mentor.

Near to my heart are my loved ones...

I have someone who is mine from you,

I have good and bad days of mine.

No words of yours are forgotten,

My loved ones, my kin.

Sometimes you relieve grief from my heart,

Sometimes you bring joy to me.

I won't hide any secrets from you,

You are this close to my heart.

Without you, my celebrations wouldn't pass,

My heart, my existence, you see.

Without you, the joys of this world are fewer,

You are this close to my heart.

I have someone who is mine from you,

I have good and bad days of mine.

No words of yours are forgotten,

My loved ones, my kin.

Sometimes you relieve grief from my heart,

Sometimes you bring joy to me.

I won't hide any secrets from you,

You are this close to my heart.

Without you, my celebrations wouldn't pass,

My heart, my existence, you see.

Without you, the joys of this world are fewer,

You are this close to my heart.

Little Star

With hearts ablaze, eyes enkindled,

I am that dust star you know.

"Why exactly dust?" you may think,

For it is a star among all the ashes.

Many stars cast dim light,

Similar, they approach humans.

But the dust star is too far in ashes,

From everyone, it keeps its distance.

Its place is so high,

Stars cannot approach its side.

Aware of itself, proud this star,

Never visible to people.

One day it dims its dim light,

One day it flares as if the sun,

One day it confuses the world itself

There you will know its power.

In the sky of my dreams

In my past, countless dreams blossomed,

Paths I have yet to tread.

Oh God, guide me with Your hand,

Until my goals step by step are met.

Many poems are yet unwritten,

Many places I have not yet seen.

There are many deeds I must still do,

Words taken from my father and mother.

My dreams are vast as the sky,

No beginning, nor any end.

May they never fade, these sweet words,

Let my heart hear them clearly.

One day I will swim in the sea,

Everything will be a reward.

One day in the most beautiful cities,

My poems will be sung in joy.

Beautiful days will come from this,

My eyes will be filled with joy and peace.

Such beautiful dreams are,

My beautiful days are coming to pass...

My Mother Is Here

Heart of the sea, my dear and precious mother,

A foundation that supports my soul, my mother is here.

A guiding light like the sun on my path,

The most patient, the hardest working, my mother is here.

Mother, be my light on my journeys,

Mother, be my support in my hands,

Mother, there is nothing less without you,

Heart full of love, face radiant, my mother is here.

Her embrace is my refuge,

Her hands are like sails on a boat.

Her footsteps lead me to paradise,

Like paradise, full of kindness, my mother is here.

Your presence itself is a blessing for me,

I conquer worlds because of you.

Do not worry about hardships for me, mother,

Most resilient, full moon-like, my mother is here...

The Beauty of his Sister

The moonlit face is full of charm,

Their eyes are full of kindness.

The intoxicated Muxlisa,

The beauty his Sister.

Charming and lovely,

Peaceful and delightful,

Quick to forgive, my beloved,

The beauty of his Sister.

My dear mother,

My beloved father.

Their love is enduring,

The beauty of his Sister.

May your life be long,

May your home be blessed,

My esteemed parents,

The beauty of his Sister.

My Brothers

My brother - my friend, my close person,

A cherished individual who holds a place in my heart.

By my side at every step,

My dear brothers - my steadfast support.

The days spent with my siblings,

Bright worlds of curiosity shared with them.

How fortunate I am to have you, my dear brothers,

Supporters in this brief life.

My dear brothers - beautiful words of life,

The bright faces of our parents.

All my words come from the heart,

My siblings - the patterns of my life.

The Palace of Happiness

Sometimes I become a captive of dreams,

And there I build my own hopes.

One day in the future,

For my mother, of course, I will build a palace.

In the palace, endless joys await,

With large, high doors.

There will be a special place in the house,

Where my parents will occupy their place.

The palace will heal from the warmth of love,

Lights will be our loyalty.

The sign of love will be superior,

It will never leave us forever.

In the yard, our wonderful garden will be,

The nightingale will sing to our garden.

No matter how wonderful our day is,

"Our happiest family" will be our name.

Navruz in Our World

Today, Navruz is here in our homeland,

May this new day be blessed, my dear.

Always walk towards joy and celebration,

May Navruz bring happiness and prosperity.

Decorate your home on these days,

Cast away all worries and desires quickly.

Let the bells announce the holiday news,

May joy wash away all sorrowful eyes.

Do Not Give Away the Opportunity

This day, this life wounded for you,

All the pleasures of the world for you,

However, I have one word to say to you:

Do not let go of the opportunity in your hand.

Read, search, step towards heights,

Secure your earned livelihood firmly for centuries,

Opportunities now are just for you,

Take steps towards your goal.

If you wake up early in the morning, the paths are ahead,

One aims for you with the goals,

One can cause you despair,

Just left you want to move forward.

Be active, be independent for yourself,

Someone isn't ready to win you prizes,

At last, they hope you will work to achieve them,

Your father and mother are.

"Women's Praise"

A tribute to a woman's enduring patience,

In her eyes, there shines a light of love.

Women, truly, are great beings,

Their children nestled in their hearts.

Night and day she thinks of "family", her word,

A faithful companion to her life partner.

Children find boundless love only in them,

For mothers possess limitless affection.

Does the world still honor women's greatness,

Is there still a rule for the love within?

She is a mother, a sister, a faithful companion,

In every field, she has her own place prepared.

Sometimes there may be misunderstandings, it's true,

Yet in her heart, there's a reservoir of strength.

No one truly knows what lies inside her,

A hidden, resilient strength like a diamond.

Are not women beautiful in this world,

From whom the sun's light has sprung?

Why not be amazed, why not love?

After all, Mother is the trembling symbol of women.

71

My Most Beautiful Flower

Walking down the street with dreams,

Suddenly, I saw flowers in front of me.

In that moment, astonished, I asked,

"Who planted these flowers?" I wondered.

Each one was beautiful, magnificent,

I stood there, mesmerized on my path.

Their colors dazzled my eyes,

An unusual feeling passed through my heart.

A flower seller nearby then said:

"Would you like to buy my flowers?" she asked.

I hesitated, pondering her question,

Because I had no money with me.

So, I looked at the flower girl and said, "No",

Then quickly walked away.

Dreams of going home faster,

Turned around and went around in my head.

If I had entered the yard and enjoyed the present...

And I think someone knocked on the door.

Which flower?

Where?

 I'm trying to find out

I want to call my mother.

My mother looked at me,

I thought: I have a beautiful from what even So asked me.

I am a Football Enthusiast

I have many interests, all similar,

I'll tell you about just one of them.

Sitting in front of the television,

Watching football is my one hobby.

Football stars: Ronaldo, Messi,

And I also admire Neymar Junior.

From Marcelo's amazing strikes,

My eyes delight, I'm happy.

Running with the ball on the green field,

Not easy, facing opponents.

When luck comes, you score a goal,

Without luck, maybe you won't get the ball.

Some win, some lose,

Final moments decide everything.

Our partners celebrate victories,

Together in heart with those who lose.

Even those who don't lose easily,

They also stand strong in defeat.

Sometimes you need to choose the winner,

Sometimes overcoming defeat shows bravery.

World's most famous footballers,

Big names in my pen's grip.

Actually, we won't forget,

Uzbekistan's football players.

Among them: skill, bravery, dedication,

Win, lose in their games.

Whatever happens, they stand tall,

Our Uzbek people follow closely.

There's "Jaloliddin", there's "Abbosjon",

In every Uzbek's prayers.

May your steps never falter,

Future champions of the world.

You Are My Hidden Secret

I think about you at night, I sing about you in the day,

Your name resides deep in my heart.

When did you actually appear?

You are my hidden secret from everyone.

You are like any other person, after all,

Do you truly know your place in my heart?

Why did you appear in my world?

You are my hidden secret from everyone.

You may not know my poems are for you,

You may not recognize me at all.

Even if I don't see you, you're in my dreams,

You are my hidden secret from everyone.

Where are you and where am I?

Do you ever think about seeing me?

Where do you come from and where do you go?

You are my hidden secret from everyone.

Perhaps we will meet by chance one day,

I don't know if that day will come, I am amazed.

If you don't know me, but I know you,

Truly, you are my hidden secret.

There's a person in my imagination,

I hope one day you will appear.

I don't know where you'll come from,

But I just want to meet you.

May your weddings be blessed!

May your life be filled with light,

May your dreams come true.

On your most beautiful and joyful day,

May your weddings be blessed.

May the groom have honor and devotion,

May the bride have a beautiful smile.

May no one cast an evil eye on your happiness,

May your weddings be blessed!

Today, relatives and friends gather,

May your faces always be bright.

May everyone envy you,

May your weddings be blessed!

To My Dear Grandfather...

Listen, let me repeat your words,

My heart is full, pouring with your kindness.

My compassionate, my guide, my sanctuary,

May you grow younger, my dear grandfather.

In life, seeing both good and bad,

We learn lessons from your kindness.

Teaching us the ways of wisdom,

Many insights learned from you, my grandfather.

Whatever my grandfather says,

Our home shines with his gentle face,

Adding his name to beautiful verses,

Intending to preserve his blessed legacy.

Remembering Allah through the days,

As they did when bowing towards Kaaba.

A pure soul, an angelic grandfather,

May you always be above our family.

Ramadan, the Gift of the Month...

I read, contemplated, always deeply moved,

Always expressing what I felt.

Friends, today I had a thought in my mind:

For my mother's sake, what should I do?

Dressed in beautiful clothes,

"I should do something for my mother", I said.

I even enjoyed the most exquisite foods,

But I failed to truly honor my mother.

Indeed, without her, we are lost,

Our adorned clothes mean nothing.

Friends, never forget my words:

This world means nothing without our mothers.

My life suddenly changed in some way,

During Ramadan, I had a dream:

I would be lamenting by my mother's side,

Yet my mother did not lend me a helping hand.

I cried out loud, my voice was heard immediately:

"Mother, please come help me quickly".

"Why, my son, won't you control yourself,

And raise your voice", they said.

Rosa, tears streamed down my cheeks,

A beast would have pitied me.

My mother did not console me at all,

Instead, she inflicted pain like an animal.

Suddenly, I rushed to my mother's side,

I put my head on her shoulders.

"Mother, what happened to you?

Why don't you control your daughter?

Even if a lock were to be placed on my hands,

Would you come and unlock it for me?

If it weren't a secret,

Would you become the butterflies in my head?

Today I suffered greatly, I cried a lot,

After all, I wasn't far from you.

You didn't reach out to your daughter,

Why, my dear mother, my precious mother?

"Oh my son, I told you earlier,

My eyes were filled with tears, let me show you", - she said.

"No", you said, "but you didn't come with me".

Now I don't mind at all.

"My paradise, forgive me, my daughter,

I wish, I step, but I don't ask you, my daughter,

"How's your health, my dear?", - he said.

I started reading, for the future,

 "I still have a lot of goals", - he said.

Time doesn't gather me together, for you,

I'm sorry, your eyes are closed, I cry.

I cried and cried, in my mother's arms,

"If you need it now, I won't read", - he said.

Why didn't I realize sooner?

My mother is not in good condition, I said.

All the money I played with, of course,

I can't even ask for a loan.

My dear, my angel, I am

Sure, you see it.

I have reprimanded you, I have blamed you,

Everything was ready for me.

Did I pay attention to him, to her,

Look at me with open eyes?

My tears didn't stop my young life,

I slept crying, it never stopped,

Goodness, dream, my mother is upset,

Thank you to Allah.

Hey friends, we won't live without it,

I died, my friends, my loved ones.

But if a thousand livers come together,

One mother wouldn't be enough for me.

Without you, this world means nothing to me,

Neither fame, nor victory, matters at all.

You are the brightest light in my eyes, my mother,

Without you, even the light in my eyes is unnecessary.

I understood it as I grew older:

I need my mother very much,

And I realized this, for my Paradise,

I understood that many things remained undone.

The most beautiful beauties of the world

Will never be like one of yours.

Indeed, loved ones cherish you temporarily,

But none will love you like a mother does for a lifetime.

I'm Tired...

Lately, I've been a bit tired,

Thoughts and reflections spinning in my mind.

The work I do seems aimless,

I don't know why, but I'm a bit tired.

I don't like the people around me,

I don't like their words and phrases,

Even creativity no longer appeals to me.

I don't know why, but I'm a bit tired.

I'm tired of the troubles of this world,

I'm tired of the path and wilderness of my goals.

I wish I could escape this fatigue for a moment,

And find solace for a while in my mother's embrace.

I wish dreams could come true all at once,

Then all my tiredness would disappear.

Perhaps in the skies of my dreams,

All my fatigue would float away.

My Childhood

Constant tests are coming my way,

Where are you heading, my childhood years?

Leaving me behind, moving ahead,

Where are you rushing off to, my childhood?

My joyful, innocent eyes,

Days filled with the greatest happiness,

You slightly altered my youth,

Where are you rushing off to, my childhood?

I wish to remain a child forever,

To live without worries, to be content.

Why are my years passing by so quickly?

Where are you rushing off to, my childhood?

Beautiful with a Sense of Humor

In their eyes, there is melancholy,

On their faces, there is pain.

Such people always,

Have a beautiful sense of humor.

They do not reveal their suffering to others,

Their sorrows remain unnoticed.

If you simply pay attention,

Their laughter can be beautiful.

Beneath their laughter, how much suffering there is,

How many tears and sorrows they hold.

In their chest, there is a heart burning,

In the beautiful laughter of these people.

Oh, My Heart...

Fragile heart of mine,

    Why do you fret?

For no apparent reason...

    What has happened to you?

Tell me, from the worries

    Of this world,

Perhaps you've become weary

    Of people...

Are you grieving, why?

Who has hurt you,

    Led you to this state?

Don't succumb

    To false words.

You too deserve

    Genuine smiles.

They may not understand

    Your inner struggles.

Regrets, pains,

Are not meant for you.

Live your blessed life,

Keep walking gracefully,

Living in this world,

It's a true blessing...

White Doves

White doves flying in the sky,

Spreading peace with their paired wings.

In your flight, there is a certain magic,

Spanning the world, freedom, and tranquility.

Flying in the sky, bringing hope to hearts,

A wonderful feeling that soothes the soul.

Light and pure, reflecting brightness,

Each of your wings carries purity and joy.

You fly in the sky, spreading your wings,

You are the symbol of peace and love.

Strong wings, a white trail in the midst,

You are the harbinger of our bright future.

White doves, you glide over the water,

Each flight has a unique meaning.

Sharing the word "peace" with everyone,

Spread your wings wider across the world.

Student Life

Student life is a sweet feeling,

A time brimming with energy and enthusiasm.

The doors to new knowledge,

Open on every page.

In the land of knowledge after school,

We will proceed with a pure heart.

Each lesson brings new hope,

Setting new goals for ourselves.

Wonderful conversations with friends,

Events and celebrations take place,

Exploration and dedication to learning,

Student life is the most amazing feeling.

Each exam is a new test,

We will climb to the peak of knowledge.

Studying and striving with energy,

We will build a bright future.

My Ocean

The ocean is vast, an endless mystery,

Its waves overflowing with a wondrous marvel.

In our eyes, it sparkles with powerful secrets,

The ocean is also boundless joy.

Each wave seems like an idea,

Embodied in the rhythm of life's flow.

Its rolling waves soothe your troubles,

Such is the marvelous wonder of the ocean.

Slanderers

The word "slander" is truly evil,

It breeds hatred in the heart and suspicion in the eyes.

The slanderers' words,

Quickly tarnish pure hearts.

Through their speech, relationships are ruined,

Even friendship and love retreat.

In life, those who leave a bad name

Are, in my opinion, definitely "slanderers".

Let's always be cautious of them,

They never think of others,

Quietly forgetting the truth,

Slowly spreading accusations.